via resurrectionis

T V Z

JOSUA BOESCH

via resurrectionis

Auferstehungsweg
Im Heute Gottes leben

TVZ

Theologischer Verlag Zürich

Der Theologische Verlag Zürich wird vom Bundesamt für Kultur für die Jahre 2021–2024 unterstützt.

Bibliografische Information der Deutschen Nationalbibliothek
Die Deutsche Nationalbibliothek verzeichnet diese Publikation in der Deutschen Nationalbibliografie; detaillierte bibliografische Daten sind im Internet über http://dnb.dnb.de abrufbar.

Umschlaggestaltung
Mario Moths, Marl
Unter Verwendung der «Ur-Ikone» von Josua Boesch, Foto: Doro Röthlisberger
© Förderverein Josua Boesch

Fotos
Doro Röthlisberger
© Förderverein Josua Boesch, www.josuaboesch.ch

Satz und Layout
Mario Moths, Marl

Druck
AZ Druck und Datentechnik GmbH, Kempten

ISBN 978-3-290-18474-2 (Print)
ISBN 978-3-290-18475-9 (E-Book)

Ergänzte Neuauflage, Erstauflage 1985, Noah Verlag, Oberegg

www.tvz-verlag.ch

INHALT

Aufbrechen

Eremo di Camaldoli, 1. Juni 1984

Lieber Ventura,

Auf deinem Pilgerweg zu Fuss von Calais nach Rom,
auf den Spuren deines so geliebten Saint Benoît Labré
standest du eines Tages vor meiner Cella.
Du zogst deine Sandalen aus, bevor du über die Schwelle tratst,
und wusstest doch noch gar nicht, dass dich drinnen dein
Auferstehungsweg erwartete.
Wir redeten nicht viel.
Ich konnte ja weder Katalanisch noch Spanisch,
und du sprachst nur ganz wenig Italienisch.
Aber du schautest und schautest.
Ab und zu kam aus deinen Tiefen ein Oh – Oh!,
das du mit den Händen zudecktest,
um die Stille nicht zu stören.
Am nächsten Morgen beim Abschied sagtest du dann:
«Josua, mein Kreuzweg ist ein Auferstehungsweg geworden.»
Das hatte noch keiner gesagt.
War das wirklich möglich?
Ein paar Monate später hast du geschrieben,

aus dem jungen Agronom sei ein Trappist geworden,
um mit noch grösserer Hingabe den Auferstehungsweg zu gehen.
Im nächsten Brief dann hast du mich gebeten,
dem «Fresssack von geistlicher Nahrung»
Meditationen zu den acht Ikonen des Auferstehungsweges zu schreiben,
damit er zu essen habe.
Du warst nicht der Erste, der mich um diesen Dienst bat,
aber der Einzige, der mich davon überzeugte,
mich dieser Aufgabe nicht länger zu entziehen.
Du batest mich eben nicht um Erklärungen,
sondern einfach um eine Anleitung,
dich dem Geheimnis der Ikonen selber annähern zu können
mit dem Geheimnis der eigenen Lebensgeschichte,
um eigene Entdeckungen und Erfahrungen zu machen.
Du hattest ja in meiner Kapellenwerkstatt erlebt,
dass sich Ikonen dem ganzen Menschen öffnen,
nicht nur seiner intellektuellen Seite, d. h.
dem suchenden Menschen, der unterwegs ist
und bereit zur Verwandlung wie ein «Vagabund Gottes».
So hast du dich ja selber bezeichnet!
Also denn, da bin ich!
Es ist auch für mich sehr, sehr schön,
mit dir ein gemeinsames Stück weiterzugehen auf dem Weg,
der mit jener Sternstunde angefangen hat,
in der das Licht aufleuchtete, das wir beide suchten. So komm!

Die Distanz zwischen dem Monasterio de la Oliva in Spanien
und dem Eremo di Camaldoli in Italien soll uns nicht beeindrucken.
Komm mit, von Station zu Station!
Du siehst, es sind nicht mehr 14 Stationen wie auf dem Kreuzweg.
Es sind nur noch sieben. Für jeden Tag der Woche eine,
und dann noch eine für den «achten Tag»,
den Tag der neuen Schöpfung (Offb 21,1–5).
Doch bevor wir die erste Station erreichen,
will ich dich nochmals daran erinnern,
dass es sich hier nicht um gemalte Ikonen handelt,
sondern um Ikonen aus Metall.
Ihre Farben und Nuancen entstehen spontan im Feuer.
Kupfer, Messing, Silber und Gold haben sich im Feuer verwandelt.
Zwei edle und zwei unedle Metalle haben sich
in einem Löt- und Schmelzprozess zu überraschender Einheit verbunden.
Das Feuer, Symbol der verwandelnden Kraft der Liebe Gottes,
ist eigentlich der Künstler.
Mein Anteil besteht nur in der liebevollen Aufmerksamkeit
gegenüber dem Arbeitsweg und darin,
dass ich die übrigen Metalle behandle als wären sie Gold.
Auch das ist Symbol für christliches, mönchisches, eremitisches Leben.
Doch das stärkste Symbol ist wohl der Durchgang durchs Feuer.
Denn wer vom Kreuzweg auf den Auferstehungsweg finden will,
muss durchs Feuer der Verwandlung.
Nur so wird sein «Archetyp» sichtbar, geläutert, echt.

Nur so wird er seiner eigenen Ikone gewahr,
erfährt er, wie Gott ihn eigentlich von allem Anfang an gemeint
und geschaffen hat.
Vermutlich deshalb hat man diese Ikonen «archaische» genannt.
Und ich glaube auch, dass wir mit diesem Ausdruck
Dem Geheimnis schon sehr nahegekommen sind.
Diese Ikonen entstehen in der Kontemplation eines heutigen Menschen.
Sein persönliches und kollektives Unbewusstes
Werden in der Kontemplation aufgebrochen,
selbst sein verhärtetes Herz,
um ihm die Gegenwart Gottes in seiner Geschichte
und in der Geschichte der Menschheit transparent zu machen.
Leider kann die Fotografie nur andeutungsweise
die Transparenz der Metalle wiedergeben.
Aber du erinnerst dich noch, wie eben gerade diese Metalle,
geboren in grossen Tiefen und in völligem Dunkel,
transparent werden im indirekten Licht der Sonne oder einer Lampe,
und etwas von der Gegenwart Gottes in unserer harten Existenz
spürbar machen können
für den, der in seinem Innersten aufmerksam und empfänglich ist.

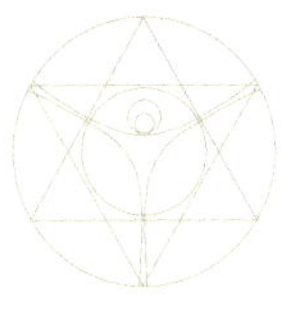

Ur-Ikone

Der Name einer Ikone ist immer eine «Epiklese», das heisst:
eine Aufrufung des Heiligen Geistes.
Ich weiss noch, wie deine Arme und Hände
sich vor den Ikonen wie zu einer Schale öffneten.
So ist das, wenn man ihnen wirklich begegnet.
Man wird ganz arm und leer vor Verwunderung. Ganz empfangend.
Ganz anbetend, ohne es selbst zu merken.
Und auf einmal wird das Aussprechen des Namens wie ein Atemholen
in einem noch viel tieferen Atem, dem Gottes: «Ur-Ikone».
Du merkst, der Auferstehungsweg beginnt nicht erst am Ostermorgen,
schon sehr viel früher: im Ursprung des Menschseins.
Vor aller Schöpfung. In der Kontemplation Gottes,
wo er schon den auferstandenen Menschen schaut.
Drei Parabeln begegnen sich.
Der Mensch ist Frucht trinitarischer Begegnung.
«Lasst *uns* Menschen machen als *unser* Bild, uns ähnlich» (Gen 1,26).
Was für ein Geheimnis! Wir sind auf Begegnung angelegt.
Sie kommt aus dem Unendlichen und geht ins Unendliche, die Parabel.
Wenn sich drei von diesen geometrischen Linien begegnen,

sich ganz nahekommen, ohne sich zu berühren,
dann entsteht in ihrer Mitte die Form des aufrecht stehenden,
auferstandenen Menschen, das Abbild Gottes.
Das, was *Ihm* ähnlich ist. Die Ikone Gottes.
«Ikone» kommt aus dem Griechischen und bedeutet «Bild», «Abbild».
Der Mensch ist in seinem Ursprung «trinitarisch» wie Gott,
in Gemeinschaft mit sich, mit Gott und dem Bruder, mit allem.
Ein geschwisterlicher Mensch.
Siehst du, wie er ausgespannt ist in einem kupfernen Dreieck,
das die Basis im Himmel hat?
Und geschützt ist von einem anderen Dreieck mit der Basis auf Erden?
Er ist aber auch umgeben von zwei Kreisen aus Messing,
einem inneren und einem äusseren Kreis, Symbol des Lebens.
Das Quadrat aus Silber, das die Ikone umschliesst
mit einer bisher noch nie so im Feuer erreichten Färbung,
symbolisiert menschliche und irdische Begrenzung.

Wir werden in der Christenheit
wohl noch lange über unseren Ursprung meditieren müssen,
bis wir ihn wieder mit den Augen Christi sehen lernen.
Und bis wir Gott wieder erkennen als den,
der nie aufgehört hat, den Menschen als seine Ikone zu schauen,
als auferstandenen, dialogischen, teilnehmenden Menschen,
transparent für Gott und seine Welt.
Gott, der immer Vertrauen bewahrt hat in seinen Menschen,

in sein Werden, Wachsen und Sich-Verwandeln,
trotz dessen Versagen und trotz dessen Schande.
Es war Jesus von Nazareth, der uns diesen kontemplativen,
schöpferischen Gott an der Seite des Menschen gezeigt hat.
Du verstehst jetzt auch,
weshalb Kontemplation und Aktion zusammengehören.
Wer mit seinem ganzen Menschsein schaut,
beginnt schon zu formen und zu gestalten.
In meiner deutschen Muttersprache drückt das Wort «Betrachtung»
eine kreative und verwandelnde Kraft aus:
Wer betrachtet wird «trächtig» und wird etwas Neues gebären.
Ich bin überzeugt, dass der kontemplative Mensch
viel Frucht bringt, er weiss selbst nicht wie,
denn er schaut und schafft absichtslos.
Er ist nur einfach bereit,
sich selbst in die Ikone Gottes zu verwandeln, die Gott schaut.
Der aus den beiden kupfernen Dreiecken entstandene Davidstern
weist übrigens auch auf das Schöpferische im Ur-Menschen,
denn er erinnert mit seiner Zahl sechs an die sechs Schöpfungstage.
Ich hoffe sehr, dass das Meditieren dieser Ikonen dir Mut mache,
dich in den schöpferischen Verwandlungsprozess hineinzugeben,
in dem wir uns mit der ganzen Menschheit befinden,
und den uns der Auferstehungsweg bewusst macht.

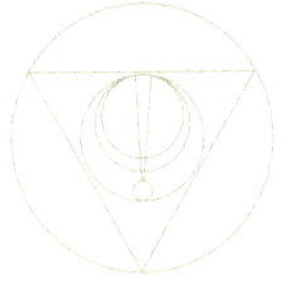

Berufen

Wir sind berufen, Ikone zu werden:
präsent – still – transparent.
Du siehst, wir folgen den Stationen von rechts nach links,
gegen unsere Gewohnheit.[1]
Aber es hat mit dem hebräischen Rhythmus zu tun.
Die Sprache des Alten Testamentes ist von rechts nach links geschrieben,
um auszudrücken, dass ihre Buchstaben aus der Dynamik Gottes stammen
und ihre Worte Unsichtbares
im Sichtbaren ausdrücken wollen.
So ist auch die Realität des Auferstehungsweges.
Er macht mit Symbolen
die Dynamik der Auferstehung
in den Strukturen des Todes deutlich.
«Symbol» ist ein griechisches Wort
und kommt von «in eins zusammenfallend».
Wesen und Erscheinung,
Unsichtbares und Sichtbares fallen in eins zusammen.
Gott macht uns in der Ikone

das Wesentliche unserer Existenz
transparent
und nimmt uns hinein in ihren Verwandlungsprozess.
Das Symbol der zweiten Station ist die *Taube*.
Sie schwebt von oben her
nieder auf die kleine Welt des Menschen.
Von ihrem Gold (Symbol Gottes)
ist etwas auf den Menschen übergeflossen,
um ihm Anteil zu geben an der Gegenwart Gottes und seines Geistes.
Der Mensch wird bei seinem Namen gerufen,
auf den Auferstehungsweg mit seinem auferstandenen Herrn.
Für Maria fällt die Berufung zusammen mit der Ankündigung,
dass sie die Mutter des Erlösers werde.
Für Jesus ist es ein Tag der Taufe im Jordan (Mt 1,13),
für die Jünger, als der Meister am Ufer des Sees vorüberging
und am Zollhaus des Matthäus (Mt 9,9).
Für Paulus ereignete sich die Berufung auf der Strasse nach Damaskus (Apg 9,3–29).
Wie aber ging das bei dir zu, Ventura?
Und bei mir?
War es für uns nicht auch wie ein Angehauchtwerden durch den Geist,
der Abraham aufbrechen liess aus allem Vertrauten,
fort von Haus, Familie und Freunden in ein unbekanntes Land,
das Gott ihm selber zeigen wollte?
Haben von da an nicht auch wir unsere Basis «im Himmel»,
wie es das Dreieck in der zweiten Ikone zeigt?

Spürst du seither nicht auch,
wie Vergangenheit und Zukunft
ihr Schwergewicht verloren haben,
und wie sich in uns eine Fähigkeit ausbreitet,
ganz *präsent* zu sein
im Heute Gottes und der Menschen?
Das ist also das Geheimnis der Berufung:
Gottes Gegenwart macht uns zu gegenwärtigen Menschen,
gegenwärtig
wie es der auferstandene Christus ist,
bei dem Ewigkeit und Zeit in eins zusammenfallen
im Heute.

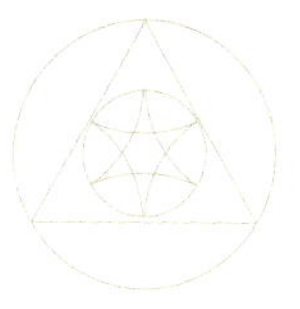

Mensch werden

Mensch werden, so wie Gott mich von allem Anfang an gemeint hat.
Seine Ikone von mir, d. h. meine Ikone, wie nur ich sie darstellen kann.
Das ist Weihnachten.
Wie viele tragen heute in sich diese Weihnacht:
Junge und Alte, Männer und Frauen,
nachdem sie in der Berufung wie Maria ihr «Ja» gegeben haben!
«Mir geschehe, wie du gesagt hast.»
Jetzt wächst in ihnen der Same Gottes, sie wissen selbst nicht wie.
Ein Stern leuchtet in ihrer Nacht. Ein Stern aus sechs Parabeln.
Von einem Licht, das aus dem Unendlichen kommt
und ins Unendliche geht.
Wenn du ganz aufmerksam hinschaust, wirst du entdecken,
dass es ein Stern aus zwei «Parabel- Dreiecken» ist,
das eine aus Silber (Symbol des Menschen),
das andere aus Gold (Symbol Gottes).
Das silberne hat dieselbe Gestalt wie der Mensch in der Ur-Ikone.
Das goldene steht umgekehrt, mit der Basis auf der Erde.
Der Leib des Menschen und der Leib Gottes fallen in eins zusammen.
«Wahrer Mensch und wahrer Gott»,

haben unsere Väter gesungen an Weihnachten.
In Camaldoli singen wir: «Gott wird Mensch, der Mensch wird Gott …»
Es ist die Sternstunde der Menschheit geworden,
als Gott und Mensch in eins zusammenfielen.
Die Magier des Matthäusevangeliums wussten es:
Ein neues Licht erleuchtet den Kosmos,
und das kleine Herz des Menschen. Und so ist es immer:
Die Menschwerdung Gottes in jedem Menschen leuchtet
innen und ausserhalb, im Herzen und im Kosmos.
Es beginnt hell zu werden in unseren Nächten und Finsternissen.
Hast du schon bemerkt, dass jetzt auch das kupferne Dreieck
seine Basis auf Erden hat?
Wir sind jetzt von trinitarischer Gegenwart umhüllt,
wie von einem *Zelt,* das in der Wüste steht.

Sind wir etwa in die Wüste geraten,
wenn der Auferstandene in uns Gestalt annimmt?
Führt uns der Auferstehungsweg in die *Wüste*?
Wo man mit Wenigem auskommen muss? Mit dem Wesentlichen?
Wo wir nicht mehr fliehen können vor der Einsamkeit?
Auch nicht vor der eigenen?
Weiss nur, wer durch die Wüste gegangen ist,
was Gemeinschaft ist und Behütetsein?
So ist es, Ventura!
Der Auferstehungsweg bringt uns ganz unerwartet in die Wüste.

Auf einmal ist überall Wüste:
in der Stadt, in den Fabriken, in Schulen und Universitäten,
auch in der Familie und unter Freunden.
Man fühlt sich plötzlich fremd und allein.
Wüste und Fremdheit gehören zu unserer Menschwerdung.
Manchmal sogar die Flucht.
Auch Maria und Joseph blieb sie nicht erspart.

Es ist keine Schande zu fliehen, wenn man retten kann,
was Gott einem anvertraut hat.
Das bestätigt der Stern, der nicht aufhört zu leuchten,
wenn der Auferstehungsweg zum Fluchtweg wird.
Und der Brunnen, den man ganz überraschend in der Wüste findet.
Und der Freund, der einem frisches Wasser schöpft.
Freundschaft in der Wüste:
ein überraschendes In-eins- Zusammenfinden
zweier Wege in der Wüste. Eine Sternstunde.
Er strahlt jetzt noch heller und schöner,
der Stern, der uns bisher geleuchtet hat.
Du erinnerst dich, so war es doch,
als wir uns hier in Camaldoli begegneten.
Wir haben uns seither nicht mehr gesehen,
aber immer am Dienstag, wenn ich zu dieser Station komme,
bist du schon am Brunnen und wartest auf mich.
Was für ein Weg, dieser Auferstehungsweg!

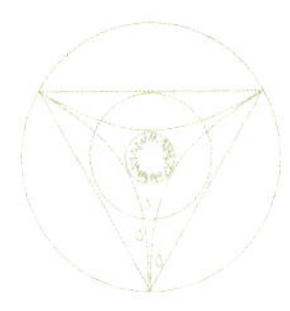

Die Leiden des Auferstandenen mitleiden

Ich bin am Mittwoch geboren, Ventura.
Verstehst du, dass diese ganz besonders meine Station ist?
An der ich meine Identität suche und finde?
Ich habe erst viel später gemerkt, dass das meine Station ist.
So ist das auf dem Auferstehungsweg.
Man entdeckt den tieferen Sinn erst hinterher, ganz spontan.
Denn man muss den Weg absichtslos gehen,
sonst verbrennt man sich die Finger oder gar die Füsse,
und das wäre das Ende.
Aber Gott hofft, dass wir ankommen am achten Tag.
Darum geht er auch so behutsam
und unaufdringlich mit uns um,
in allem, was er uns enthüllt und zu erkennen gibt.
Was sagst du dazu, wenn unser Erleiden
immer ein Anteilbekommen ist am Leiden des Auferstandenen?
Hast du gesehen,
dass hier dieselbe Gestalt erscheint wie in der ersten Ikone,

nur etwas weniger geometrisch, feiner und menschlicher,
mit dem Antlitz nach unten, gebeugt?
Es ist der Auferstandene, der hier leidet.
Man sieht wie von oben auf seine goldene Dornenkrone.
Es sagte einmal einer: «Es ist, wie wenn hier alle Dornenkronen der Welt
und alle Beleidigungen und Leiden der Menschheit gesammelt würden,
um in Strahlen der Herrlichkeit Gottes verwandelt zu werden.»
Es ist so:
Die Verwundungen sind aus Gold, die Tränen sind aus Gold,
selbst die Dornen.
Alle sind verwandelt.

Ist vielleicht gerade dieses Verwandeln der Leiden
das besondere Engagement des Auferstandenen heute?
Ist der Himmel deshalb
allen Leidenden und Sterbenden so besonders nahe?
Wahrhaftig, der zum Himmel gefahrene Christus
ist den Leidenden besonders nahe,
weil nur wer leidet die Welt verändern kann und
was unabänderlich erscheint, weil «es schon immer so gewesen ist».
Was für ein neues Geheimnis:
Der Auferstandene zeigt sich heute leidend und die Welt verändernd.
Erwartet er von seinen Christen und von seinen Kirchen heute nicht
eine authentische Anteilnahme an seinen Leiden

und am Leiden der ganzen Welt?
Eine glaubwürdige Mitarbeit an der Verwandlung der Welt?

Wer sich vor alle acht Ikonen hinstellt, spürt, dass er hier
am tiefsten Punkt des Auferstehungsweges angekommen ist.
Er steht mit dem Auferstandenen im Abgrund des Menschen.
Wann hören wir Christen endlich auf, Ihn da unten allein zu lassen? –
Erst dann, wenn wir mit Ihm ganz gegenwärtig leben,
ohne uns um Vergangenes und Zukünftiges zu sorgen.
Wenn wir aufhören, uns zu rechtfertigen und zu verteidigen,
und *schweigend* mit ihm leiden.
Siehst du, die Basis des Dreiecks ist wieder oben!
Deshalb ist das Kreuz der Mitleidenden ganz leicht.
Ganz leicht.

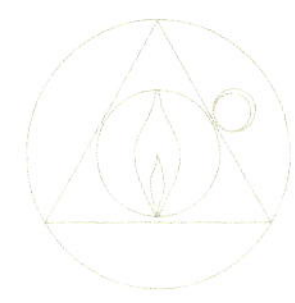

Auferstandene Freundschaft

Die Mitte der Woche ist überschritten.
Die Parabel des ganzen Weges hebt sich wieder nach oben,
nachdem sie den Abgrund berührt hat.
Die Zahl fünf weist in der Symbolik immer
über alles Sichtbare und Berührbare dieser Welt hinaus.
Fünf ist die Zahl des Messias
und des verheissenen Landes
wie die Fünfzig und die Fünfhundert.
Der Auferstehungsweg öffnet jetzt die innersten Räume des Menschen,
und auch die weitesten:
die geistlichen Räume,
in denen sich die Flammen der Liebe einen,
die des Auferstandenen (Gold)
und die des wandernden Menschen (Silber).

Einswerden in der Liebe des Vaters
(von oben fliesst Gold über die beiden Flammen):
Ist es nicht das, was die Kontemplativen
aller Zeiten gesucht und ersehnt haben? Die «unio mystica»?

Johannes, der Mystiker unter den Evangelisten, lässt Jesus sagen:
«Wer mich liebt, wird mein Wort bewahren, und mein Vater wird ihn lieben, und wir werden zu ihm kommen und uns bei ihm eine Bleibe schaffen.» (Joh 14,23)
Es ist für uns heute wohl besser, nicht von «unio mystica»,
sondern von «auferstandener Freundschaft» zu sprechen,
um dieses tiefste Geheimnis des Menschen auszudrücken.
Wenn es nicht einmal der Tod zu zerstören vermag,
dieses Geheimnis,
wer könnte es erklären?
Hier gibt es wirklich nichts zu erklären.
Hier ist alles ganz persönlich
und nicht mehr zu vergleichen.
Man muss schon sein Leben riskieren,
um in das Zelt der Freundschaft mit dem Auferstandenen einzutreten.
Das Dreieck nimmt mit seiner Basis auf Erden
wieder die Form des Zeltes an,
die Form des innersten Zeltes,
um das unaussprechliche Einssein dieser Freundschaft zu behüten.
Die Gegenwart Gottes in mir wird zum
Zelt des Schweigens.

Wer auf dem Auferstehungsweg langsam zur Ikone wird,
wird zum Schweigen Gottes.
Zum schöpferischen Schweigen Gottes,

genauso wie er vorher schon zur Präsenz Gottes geworden ist.
Verwundert es dich, Ventura,
dass Sonne und Mond jetzt auch eins werden ausserhalb des Zeltes?
Sonne und Mond sind Symbol des Männlichen und Weiblichen im Menschen.
Im Geheimnis der Einswerdung mit Gott
wird der Mensch auch eins mit seinen Gegensätzen in sich.
Der Auferstehungsweg führt uns zur Ganzheit des Menschseins,
zur Freundschaft mit sich selbst, mit anderen und mit allem.
Wird man auf diesem Weg auch zum Ferment der Einheit
unter getrennten und verfeindeten Brüdern?

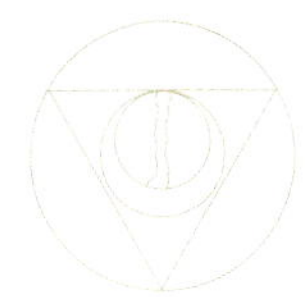

Eucharistie werden

Ja wirklich, Ventura, man wird zum Ferment der Einheit.
Es ist nicht möglich, in sich eins zu werden,
ohne zugleich zum Ferment der Einheit zu werden
mitten in einer gespaltenen Welt.
Wie entsetzlich wahr die Zerrissenheit unseres Menschseins ist,
zeigt sich nicht nur im Auseinanderklaffen von Theorie und Praxis,
von Ost und West, von Nord und Süd,
von Reichen und Armen, Starken und Schwachen:
Am schmerzlichsten zeigt sie sich an der Unfähigkeit der Christen,
an einem gemeinsamen Tisch Eucharistie zu feiern
über alle konfessionellen und institutionellen Grenzen hinweg.
Wie soll eine zerrissene Welt an ihre Einheit glauben können,
wenn jene, die die Liebe Gottes in die Welt tragen sollen,
getrennt bleiben?
Du weisst ja, dass ich reformierter Schweizer Pfarrer bin
und hier in Italien unter römisch-katholischen Brüdern lebe.
Und du ahnst auch den Preis, den es kostet.
Aber führt uns nicht gerade der Auferstehungsweg
an diese neuralgischen Punkte der Kirchen?

Vielleicht sogar zum Karfreitag der Kirche?
Zur Kreuzigung der Eucharistie?
Macht uns der Auferstehungsweg das bewusst?

Ich wusste lange nicht, warum sich diese Ikone
den Freitag ausgesucht hatte.
Ich spürte nur, dass das Auseinanderbrechen der Hostie
im Vollzug der Eucharistie in mir nicht mehr schmerzte.
Die zerbrochenen Teile blieben ganz.
Sie hatten sich wieder vereint.
Wer konnte das getan haben, wenn nicht Gott selbst?
Hast du bemerkt, dass die einzige Goldstelle in dieser Ikone
dort ist, wo die gebrochenen Teile wieder eins geworden sind
in der Gegenwart des Auferstandenen?
Wenn die Gegenwart des Auferstandenen sich heute
mehr in der wiedervereinten als in der getrennten Hostie
transparent machte, Ventura, welche Konsequenzen
würden sich für uns daraus ergeben?
Siehst du, dass die geeinte Hostie
nicht auf der unteren Basis des Kreises ruht, sondern schwebt?
jeder menschlichen Verfügbarkeit entzogen?
Eucharistie werden,
Brot werden für Gott und die Brüder und Schwestern,
muss wohl etwas zu tun haben mit der Hingabe
und mit der Unverfügbarkeit, die dem Auferstandenen eigen war,

wenn er durch unüberwindliche Mauern und verschlossene Türen ging,
um zu seinen verängstigten Brüdern zu gelangen
mit seinem Frieden und mit seiner Kraft der Einheit.

In dieser Kraft sind die Verängstigten Mutige geworden
und Ferment der Einheit,
frei und unverfügbar für ideologische Machtansprüche.
Und wir?
Haben wir Angst, gegessen und aufgezehrt zu werden
von Gott und den Brüdern und Schwestern?
Wäre nicht das unser Karfreitag?
Unsere Transfiguration, unsere Verwandlung?
Gegessene Speise verwandelt sich immer
in Energien zugunsten des ganzen Leibes.
Eucharistie geworden,
würden wir Energien spenden
zur Verwandlung der Kirche und der Welt.

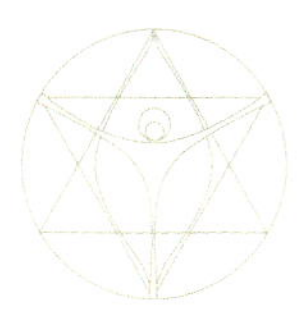

Transfiguration – Verwandlung von innen

Der innerste Kreis musste ja einmal auseinanderbrechen!
Was sich im Innern eines Menschen verwandelt hat,
muss ja einmal *transparent* werden.
Auf dem Tabor, dem «Berg der Verklärung»,
wurde für die Jünger auf einmal sichtbar,
was im «Menschensohn» verborgen lag: der «Gottessohn» (Mk 9,2–13).
Der Rabbi Jesus wurde durchsichtig für das, was er eigentlich war:
die Ikone des Messias.
Sein Geheimnis lüftete sich für einen Augenblick bis in den Kern.
Es erschien der «neue Adam», der auferstandene Mensch,
in einem Licht, das von innen kam.
Aber die Jünger sollten noch nicht davon sprechen,
weil sie noch nicht verstanden hatten (Mk 9,9).
Sie begriffen das alles erst nach der Auferstehung.

Die Ikonografie aller Zeiten hat das Geheimnis der Verklärung mit der «Mandorla» ausgedrückt,

mit einem strahlenden Körpernimbus in Mandelform.
Die Mandel, Symbol des Geheimnisses,
schützt und behütet den Kern.
Wenn er sich aber öffnet, erscheint neues Leben.
Was meinst du, Ventura, wenn uns unsere Transfiguration, unsere Verwandlung bevorstünde?
Die Verwandlung der Kirche? Jedes Christen?
Es ist wahr, die Welt erwartet heute von Kirchen und Christen
ein transparenteres Leben.
Sie will wissen, ob da etwas drin ist oder nicht,
ein wahres Bild Gottes oder bloss eine Fiktion.
Wir sind auf die Probe gestellt am siebten Tag.
An der siebten Station kommt es aus, was echt ist und was nicht.
Da bricht es auf von innen, das ganze Leben.
Der Kreis öffnet sich schon in die Mandelform.
Auch das Dreieck scheint der inneren Dynamik
nicht mehr lange zu widerstehen.
Die Formen der Gemeinschaft,
Ehe, Familie und Öffentlichkeit, Rassen, Klassen, auch Völker
scheinen von innen her aufgebrochen zu werden.
Und die Kirchen?
Unser Eremo di Camaldoli ist der Transfiguration geweiht.
Und dein Monasterio de la Oliva?
Eremiten und kontemplative Mönche haben zu allen Zeiten
den Tabor gesucht:

die *Verwandlung* von *innen*.
Nicht aus Egoismus, sondern aus Liebe zur Kirche
und zur Menschheit.
Ihr Glaube war universell, ein prophetisches Zeichen,
das alle Barrieren sprengte.

Erfüllt sich etwas davon heute in den Kirchen?
«Habt keine Angst», sagte der Auferstandene immer wieder,
indem er unsere Begrenzungen und Sicherheiten sprengte.
Sagt er es nicht auch zu uns?
Der Karsamstag ist in Liturgie und Ikonografie
auch der Tag der «Niederfahrt ins Totenreich».
Auch diese Ikone bricht auf,
in die untersten Tiefen der Menschheit
und zugleich in die höchsten Höhen.
Sie ist auch Ikone der «Himmelfahrt».
Auf dem Auferstehungsweg brechen Himmel und Abgründe auf,
damit alle Dinge neu werden.
«Siehe, ich mache alles neu!», sagt der,
der uns auf dem Auferstehungsweg vorangeht (Offb 21,5).
Ist er so nahe,
der achte Tag?

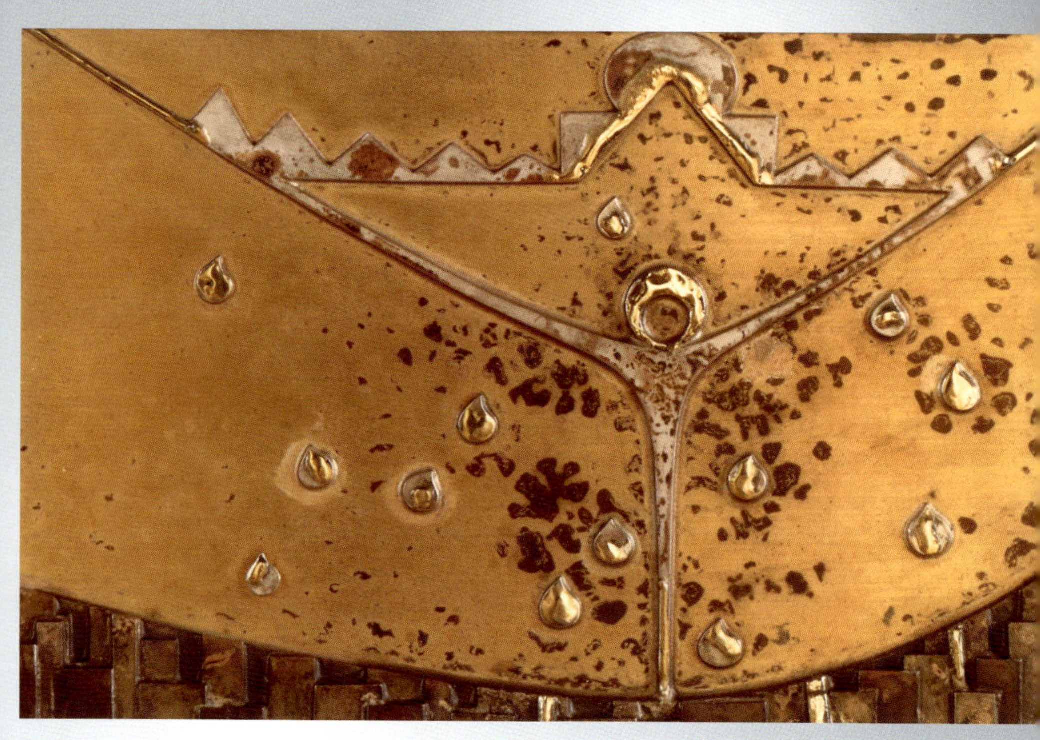

Der achte Tag – der aufgebrochene Kreis

Wirklich, er ist nahe, der achte Tag.
Viel näher als alles, was uns auch nahegeht.
Seine ewige Dimension ist es,
die uns schon jetzt Raum und Zeit von innen her aufbricht.
Es ist keine Distanz mehr zwischen Gegenwart und Zukunft.
Von Tag zu Tag geht er still mit uns, der achte Tag.
Er hat unseren Kreuzweg zum Auferstehungsweg gemacht,
weil sich Zeit und Ewigkeit am Ostertag vermählt haben.
Jede Zeit ist seither aufgenommen in die Ewigkeit.
Man kann das nicht mehr rückgängig machen.
Der grosse «Mutationssprung in Christus» ist jetzt gemacht
in der Entwicklung der Menschheit. Unwiderruflich.
Deshalb sind jetzt die beiden Kreise,
die uns auf dem Weg begleitet und behütet haben,
aufgebrochen in zwei Parabeln:
in diejenige der kosmischen Umarmung durch den Auferstandenen
und in diejenige aus Licht,

die sich lautlos über die Stadt aus Wolkenkratzern senkt
und sie zum Verschwinden bringt.
Die kupfernen Dreiecke des Weges haben sich
in silberne Zelte des himmlischen Jerusalem verwandelt,
die Quadrate unserer Begrenzungen
in ein einziges, nach allen vier Seiten offenes Rechteck
mit den Massen acht mal dreizehn (im Original):
acht, um die Gegenwart des achten Tages auszudrücken,
dreizehn, um uns Anteil zu geben an der Einheit
von Himmel und Erde, von Gott und Mensch.
Es sind auch dreizehn Tränen, die von oben her herunterfallen,
Tränen von Gott und Tränen von Menschen.
Schaffen vielleicht Tränen Einheit?
Oder sieht man nur durch Tränen gut?
«Selig sind die Weinenden, denn sie sehen den achten Tag»,
schon jetzt mitten in aller Drangsal.
Hast du schon gesehen, wie es den himmlischen Tempel
von innen her aufbricht?
Der Seher der Offenbarung sagt:
«Einen Tempel aber sah ich dort nicht in der Stadt,
denn Gott, der Herr, der Herrscher über das All, ist ihr Tempel, er und
das Lamm.» (Offb 21,22).

Unsere Liturgien sind provisorisch,
ihre Zeichen und Dienste werden verschwinden,

um der Gegenwart Gottes Platz zu geben.
Der Auferstehungsweg hat uns an Grenzen geführt,
wo sich neue Dimensionen des Lebens auftun. Und das ausgerechnet am Sonntag!
Ist denn der Sonntag der *aufgebrochene Tag*?
Der alle Erscheinungen und Strukturen infrage stellt?
Von jetzt an macht uns jeder Sonntag
das Wesentliche bedrängend spürbar.
Nichts ist mehr sicher vor ihm.
Alles ist in den Verwandlungsprozess hineingeraten. Alles.
Auch die Kirchen stehen vor ihrer Transfiguration.
Du hast schon recht gesehen, Ventura,
zwischen den Häusern der Stadt sind drei aus Gold.
Hier beten sie, stellvertretend für alle, die nicht mehr beten können.
Hörst du, was sie beten?
«Maranata!» beten sie, wie die ersten Christen:
«Komm, Herr! Komm endlich, du einzig Kompetenter
des neuen Lebens im achten Tag! Komm! Es ist höchste Zeit.»

Und ich kann jetzt gehen, Ventura. Er kommt, ganz sicher. Leb wohl!
Und lass dich nicht stören von den dunklen Flecken, die es in jeder Ikone hat, auch in der achten.
Das Feuer wollte es so.
Du weisst ja, es ist eigentlich der Künstler. Und es hat recht:
Wo Licht ist, ist immer auch Schatten.

Nur im Dunkeln sieht man das Licht.

Ich habe zuerst auch gemeint, auf dem Auferstehungsweg
dürfe es keine Finsternisse mehr geben. Aber es ist nicht so.
Die Finsternisse helfen uns zur Verwandlung,
so wie uns die Nächte helfen, zu wachsen.
Und indem sie uns wandeln, verwandeln sich auch sie in Licht.

Merkwürdig, warum haben wir eigentlich nie vom Sterben gesprochen?
War es nicht nötig?
Ist Sterben auf diesem Weg selbstverständlich geworden?
Ich habe den Eindruck gewonnen,
Sterben sei wie durch einen Engpass gehen, durchs «Nadelöhr»,
in eine neue Etappe des Lebens. Es ist wie Geborenwerden.
Auf dem Auferstehungsweg lernt man Sterben,
um aufzuerstehen.
Man muss sich sozusagen selber gebären.
Aber niemand ist allein in den Geburtswehen.
Der, der «Adam und Eva aus der Unterwelt» geholt hat,
(wie es die orthodoxe Osterliturgie am Karsamstag bekräftigt)
hilft auch uns über die Schwelle.
So werden wir jedes Mal ähnlicher der Ikone, die Gott schaut.
Immer wieder wird aus dem Kreuzweg ein Auferstehungsweg.
Du hast das ja in Camaldoli erfahren, und nicht zufällig.
Es war nicht einfach nur eine Idee von dir oder eine Laune des Schicksals.

Der Weg des Auferstandenen hat sich mit dem deinen gekreuzt.
Am Brunnen in der Wüste.
Du hast wirklich lebendiges Wasser getrunken.
Man sagt: «Wer Ikonen macht, wird zur Ikone.»
Ich füge hinzu: «Auch wer Ikonen begegnet, wird zur Ikone».
Wir sind eben auf Begegnung angelegt.
Und ich bin überzeugt, dass der, der uns begegnet ist,
auch vollenden wird, was er angefangen hat.
Er kann nicht enttäuschen.

brüderlich Josua

Innehalten

Eigentlich wollte ich meine Erfahrungen mit dem Auferstehungsweg zu schreiben beginnen. Aber dann machte ich zuerst Notizen in mein Tagebuch. Und jetzt kommt es mir vor, wie wenn sich darin alles ver-dichtet hätte, was ich mit-teilen wollte. Warum es nicht an den Anfang stellen? Da ist es:

«Du – wirst immer schöner und lebendiger in mir, und ich werde je länger je betroffener davon. Es ist wie mit dem Gold, das im Dunkel der Erde in grosser Tiefe ruht und dann ans Licht gehoben, gestaltet und geeint im Feuer mit anderen Metallen eine Schönheit findet, die ich nur von ferne ahnte. Da steh ich nun verwundert und komme aus dem Staunen nicht heraus, ein Leben lang und dann die ganze Ewigkeit.»

Es ist nicht von ungefähr, dass die Bitte des Verlegers, für die zweite Auflage des Auferstehungsweges auch etwas von meinen Erfahrungen beizusteuern, zusammenfällt mit der Arbeit am zweiten Auferstehungsweg, den ich für den Raum der Stille im Hotel Bethanien in Davos anfertige. Das gibt mir Gelegenheit, mir im Vollzug der gleichen Arbeit Rechenschaft zu geben über meinen eigenen Weg. Und es ist ebenso wenig zufällig, dass mir zur gleichen Zeit eine zweite Rad-Ikone in Auftrag gegeben wurde. Der Auferstehungsweg war ja eine Frucht aus der Arbeit mit diesem Niklausrad. So kann ich mich noch einmal der Ausgangsfrage stellen: Lässt sich Auferstehung noch mit der Kreisform ausdrücken? Oder vielleicht besser mit der Parabel? Oder gar mit der Geraden? Ewiger Kreislauf, Rückkehr ins Paradies oder Weg ins Offene?

Ich entschliesse mich noch einmal für den Weg ins Offene. Dass Auferstehen über das «ewig Zyklische» hinausweist, das haben auch viele Gespräche deutlich gemacht. Auch das Bild der offenen Tür zur Rückkehr ins Paradies scheint nicht mehr zu genügen, um Auferstehen auszudrücken. Karl Barth hat es einmal ganz lapidar formuliert: «Das Ziel der Wege Gottes ist die Erde.» Eine neue Erde unter einem neuen Himmel. Eine auferstandene Erde und ein auferstandener Himmel. Wenn es Gott so ernst ist mit der Erde und dem Menschen, dann will ich beim Bild des *Weges* bleiben, in der Hoffnung, dass sich Schritt für Schritt immer mehr transparent mache, was vor zweitausend Jahren in jenem Jesus von Nazareth wie ein Morgenstern aufleuchtete: der Anbruch eines neuen Tages und einer neuen Welt. Darum habe ich die Gestalt im Innersten der Rad-Ikone ganz der Gestalt der Ur-Ikone im Auferstehungsweg angeglichen. Die Nabe alles Zyklischen ist jenes Urbild geworden, das Gott vom auferstandenen und neuen Menschen hat: Frucht aus der Begegnung von dreien, nicht nur von zweien. Das Zyklische geht mit auf den Weg der Verwandlung in die Ikone der Menschheit.

Ich habe mich wohl am längsten bei der ersten Station aufgehalten. Und immer wieder. Warum, das wusste ich erst, als ich entdeckte, dass ich mein eigenes Gesicht nie sehen kann. Im Spiegel sehe ich es seitenverkehrt! Nur der andere sieht es, wie es wirklich ist. Das hat mit der Ikone zu tun, die ich *bin*: Abbild Gottes, *ihm* ähnlich. Mein Gesicht gehört nicht mir, sondern ihm und jedem Du. So ernst war es dem Schöpfer mit dem Du-Sagen. Nicht an und für sich ist der Mensch geschaffen, sondern «an und für du». Sieht Gott dann deshalb in mir *sein* Bild, *sein* Angesicht, damit ich das meine in *ihm* sehe? Was für ein Geheimnis! War Jesus der Erste, der den Mut fand, Gott in die Augen zu schauen und sein eigenes Gesicht zu sehen? Finden wir diesen Mut vielleicht erst, wenn wir in jedem anderen die Ikone Gottes wieder entdecken? Beginnt Auferstehen darum mit Aufrechtstehen, weil nur Aufgerichtete ins Gesicht eines anderen schauen können?

Es ist mir seltsam gegangen bei den einzelnen Stationen. Am Ende, wenn ich von der einen zur anderen aufbrach, befand ich mich wie schon an der siebten, beim aufbrechenden Kreis. Alles, was ich erfahren hatte, brach von innen her schon wieder auf ins offene und unbekannte Neue. Ich ging nur zögernd, weil ich das Risiko spürte, aber immer auch ein urtiefes Vertrauen, selbst dann, wenn ich mir wie ein Seiltänzer vorkam, Schritt für Schritt ertastend über dem Abgrund. Und ich vermute, dass ich erst auf dem Seil richtig aufrecht gehen lernte.

Von einem bestimmten Moment an war es auf meinem Auferstehungsweg immer Nacht, wenn ich ging. Ich konnte keine Station mehr sehen, nur lauter Dunkel. Aber ich ging und ging, Wochen, Monate. Es wurden drei Jahre. Ich fühlte mich nie allein. Es war, wie wenn ich begleitet wäre. Als es endlich zu dämmern begann, befand ich mich an einem Ufer, vor mir die Weite des Meeres. Regnete es? Ich breitete meine Arme aus, wie um die Tropfen besser zu spüren. Da dämmerte mir: O Gott, die achte Station! Der achte Tag hat begonnen. Da weinte auch ich. Alles in mir weinte. Und weinte und weinte. Und dann sah ich durch die Tränen die Sonne aufgehen wie eine Erleuchtung über dem Meer der göttlichen Trauer. Und ich sah einen Strom ins Meer münden, nicht weit von mir, den Strom der Tränen der Menschen. Es war wie Erwachen. Ich rieb mir die Augen und wusste: So ist das, wenn man wirklich erwacht.

Ich habe später, im Zusammenhang mit der Konvokation der europäischen Kirchen nach Basel, einen Text von C. F. von Weizsäcker in seinem Buch «Die Zeit drängt» gefunden, der die Bedeutung der Tränen für unsere Weltsituation aufzeigt:

«Wenn die Tränen nicht rechtzeitig geweint werden, so wird es kein Friedenskonzil geben, sondern nur das nackte Entsetzen. Tränen sind eine Gnade. Sie sind der Beginn des Trostes, der zu uns kommt, wenn wir gewagt haben, dem Schrecken in die Augen zu schauen. Solange wir den Schrecken verdrängen, leben wir in dem Krampf, in dem unsere scheinbar verständigen und entschlossenen Handlungen das Unheil herbeiführen, das sie unserer Vorstellung nach hätten verhindern sollen. Die Träne gibt die falsche Hoffnung auf, wir seien Meister unseres Geschicks. Sie eröffnet den Weg zur wachen Hoffnung auf das, was nicht in unserer Macht steht. Und dann macht sie uns frei zum wirklichen Handeln. Wir sehen dann das erste Licht des neuen Tages.»[2]

Ich glaube, dass uns die achte Station des Auferstehungsweges an den neuralgischen Punkt unserer Menschheitsgeschichte führt, wo wir in Gefahr sind, unsere Ängste und Schmerzen zu leugnen, anstatt sie unter Tränen zuzulassen. Der achte Tag bringt uns das Geschenk der «Fähigkeit zu trauern»[3], weil er uns die Augen öffnet für das Meer der heilenden Trauer Gottes. Der zweite Auferstehungsweg zeigt daher eine veränderte achte Station: die grössere Hälfte der Stadt hat einem goldenen Meer mit silbernen Wellen Platz gemacht, so dass der Himmel und Erde verbindende Mensch an seinem Ufer steht, mitweinend mit Gott und den Menschen.

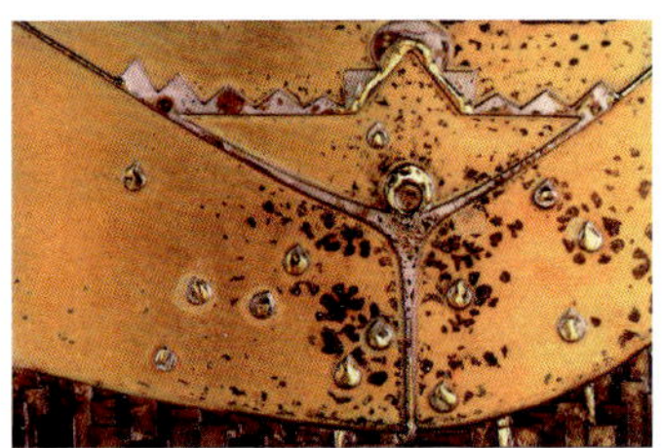
Achte Station im ersten Auferstehungsweg

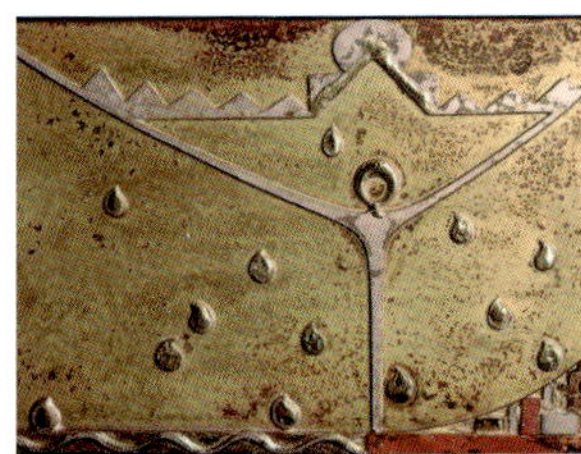
Achte Station im zweiten Auferstehungsweg[4]

Ich will zum Anfang meines Mitteilens zurückkehren. Verwandlung in ursprünglich neue Schönheit und Lebendigkeit hat für Gott und Menschen einen hohen Preis: Tränen und urtiefe Trauer um ein verscherztes Leben und eine geschändete Welt. Als ich vom Eremo ins Tal hinunterzog, habe ich den Novizen von Camaldoli ein Taschentuch geschenkt, dass sie etwas hätten, das sie erinnerte, sich ihrer Tränen nie zu schämen.[5] Ich bin sicher, dass der kleine Prinz von Saint-Exupéry heute sagen wurde: «Man sieht nur durch Tränen gut.»

Josua Boesch (zur zweiten Auflage 1993)

Rückblick

Lieber Josua,

Es sind schon sechs Jahre her seit der Begegnung am Brunnen in der Wüste. Es ist Zeit, ihre ganze Bedeutung zu ermessen. Jene Umarmung ist eines der allerwichtigsten Ereignisse in meinem Leben. Mein kostbarer Josua, lass mich dir erzählen, was ich nie in Worte gefasst habe, aber mit besonderer Intensität lebe.

Was ist der tiefste Sinn jener Begegnung und Umarmung? Für mich war sie nicht nur eine Berührung, die den Wunsch der Einheit der Kirche in den Herzen sinnlich wahrnehmbar verwirklichte, sondern auch der Moment, in dem zwei offensichtlich unversöhnte Generationen sich mit Tränen und Bewunderung umarmten.

Über die Ökumene haben wir einander unzählige Briefe geschrieben. Jetzt möchte ich dir vom zweiten Aspekt der Umarmung erzählen, von dem du noch nichts weisst.

Ich bin ein Kind des französischen Mai 1968 mit seinem Versagen und seinem vielen Gelingen. Nichts entkam jener schöpferischen Erschütterung: der Staat, die Kirche, die Schule, die Kultur, die Industriegesellschaft, die Arbeitswelt … Die alten Mythen fielen. Eine jugendliche Gegenkultur entstand, in der die Verhaltensnormen der älteren Generation zurückgewiesen wurden. Jener 68er-Mai war ein Gesang auf die Kreativität, die Spontaneität, die Imagination, das Vergnügen und eine Revolte gegen die Langeweile, das Absurde und den Ekel. Ein Gesang auf das Leben! Ich bin ein Kind jener Zeit, und noch heute, als Trappist, entdecke ich meine tiefsten Wurzeln in jenen Tagen. Ich halte zwei Aspekte fest, die vielleicht mein monastisches Leben am meisten geprägt haben: die Freiheit und das Fest. Im Jahr 1983, also 15 Jahre nach jenen Ereignissen, war ich unterwegs mit dem Rucksack auf dem Rücken auf den Wegen des Benoît Labré, mit dem Gebet im Herzen als Begleiter, aber mit einer grossen Unsicherheit und Aggressivität: Meine langweilige Kirche! Meine Freunde hatten sie schon verlassen, und ich war nahe daran, ihr den Schuh zu geben. «Damit ich glauben könnte, dass Christus der Erlöser war, müssten mir seine Jünger etwas erlöster aussehen», warf uns Nietzsche vor.

Ich hatte Glück, besser gesagt: der Wille Gottes wollte, dass ich das monastische Leben entdeckte (ein Gesang auf die Freude und die Freiheit!), das meine tiefsten Sehnsüchte besänftigte. Tatsächlich, auf dem Weg wälzte ich Fragen, die ich mir nicht erklären konnte: Wie haben wir uns, wenn die Auferstehung eine Realität ist, ein solch fades Christentum geschaffen? Wie ist es möglich, dass wir die Heilige Schrift lesen und vor allem die Psalmen und trotzdem im «Miserere» geblieben sind? Wie kommt es, dass wir so sehr die Fastenzeit verhätscheln, und uns, wenn wir Ostern erreicht haben, spirituelle Ferien zugestehen?

Wie sollten wir Jugendliche mit unseren so langweiligen Gottesdiensten anziehen! Wie ...? Meine Fragen würden ganze Seiten füllen. Ich bin überzeugt, dass der beste Dienst, den wir heute unserer Welt und Kirche erweisen können, der ist, ihr dieses österliche Gesicht zu geben, Optimismus, Freude, Heiterkeit in einer Zeit der Enttäuschung und Orientierungslosigkeit.

Mit dieser ganzen Last des unruhigen Jugendlichen, dem die langweilige und geteilte Kirche wehtut, erreichte ich deinen Ort. Zufall? Nein! Liebevoller Wille Gottes! du hast mir deine «via resurrectionis» gezeigt und damit den Grund und die Antwort auf all meine Unsicherheiten und Zweifel gegeben. Schon lebte ich nicht mehr zerteilt: Meine revolutionären und kirchlichen Erfahrungen vereinten sich jetzt wunderbar mit Goldfäden wie in der sechsten Ikone «Eucharistie werden». Das Unvereinbare ist der Weg der Einheit.

Mein monastisches Leben war eine Stütze auf diesem Weg, eine österliche Spiritualität zu leben, Dienst und Hingabe, so dass sie in die Realität des Lebens im Alltag eingeht: Jesus ist in die gleichen Abgründe hinuntergestiegen, in die «Spannung» und in den unvermeidlichen «Konflikt» zwischen Kreuz und Auferstehung, Alleluja.

Verstehst du jetzt die tiefe Bedeutung der Begegnung und Umarmung am Brunnen in der Wüste? Verstehst du jetzt, was für mich deine Freundschaft bedeutet? Hoffentlich entdecken viele deinen Auferstehungsweg und wagen, eine österliche Spiritualität zu leben.

Dein Bruder Alleluja, dein Bruder Ventura (1990)

Weitergehen

Bruno Dörig, der in seinem kleinen Noah-Verlag die bisherigen Ausgaben des Auferstehungswegs herausgab, schrieb zur zweiten Auflage von 1993 – hier in gekürzter Form:

«Als ich vor einigen Jahren den Auferstehungsweg von Josua Boesch kennenlernte, wusste ich schnell, dass ich die Metallikonen und die so wundersame Geschichte ihrer Entstehung anderen Menschen zugänglich machen wollte. Die religiöse Erfahrung, die darin aufbereitet ist, empfand ich, bei aller Verschiedenheit zu meiner eigenen, als beeindruckend und aussergewöhnlich stark. Dass diese Erfahrung aus Josuas Werdegang und Lebensgeschichte heraus einen so prägnanten Ausdruck in Wort und Bild finden konnte, kam und kommt mir wie ein Geschenk des Himmels vor. Das Vermitteln und Weitergeben des Auferstehungsweges wurde für mich als Kleinverleger zum besonderen Erlebnis. Die etwas provisorische Form der ersten Auflage von 1989, der gefaltete Leporello mit den von Hand aufgeklebten Fotos, fand dankbare Leser und Betrachterinnen. Ich durfte miterleben, wie diese Publikation – vor allem durch Mund-zu-Mund-Weitersagen – für viele zum geistlichen Begleiter wurde, zu einer Hilfe in der Deutung der eigenen Lebensgeschichte.

Nicht wenige schrieben, dass Josua Boesch das zum Ausdruck bringe, was sie halbbewusst oder unbewusst seit Jahren spüren und suchen. Andere sprachen von einer eigentümlichen Faszination, die sie nicht mehr losliess. Sie verstehe vieles nicht, schrieb eine Leserin, aber sie habe das Gefühl, bei der Hand genommen und geführt zu werden. Eine junge Frau teilte mit, sie spüre Boden unter den Füssen, wenn sie die Texte lese, ‹Realitätsboden›, klar und ausdrucksvoll. Dennoch schwingt auch ein Stück Unnennbares, mit, das nicht intellektuell erfassbar ist, jedoch auf anderen Wegen erfahrbar ist. […]

Es geht im Auferstehungsweg um Tod und Leben.

Im Wort Auferstehung steckt das Wort auf-stehen. Wer auf-steht, gibt sich einen Ruck, bewegt sich. Er oder sie will aus dem jetzigen Zustand heraus, sich verändern. Damit ist ein Lernprozess angesprochen, eine Form der Emanzipation. Gebückte und erniedrigte Menschen erheben sich, um den aufrechten Gang zu lernen und zur Menschenwürde zurückzufinden. Einzelne Menschen, ganze Gruppen und Völker sind auf dem Weg der Befreiung von Knechtschaft und Unterdrückung. Sie suchen einen Raum zum Leben, Gerechtigkeit und Frieden.

Wer die Wörter Befreiung und Emanzipation braucht, muss mit Kritik und Widerstand rechnen; sie lösen Angst aus und Verhärtung. Es mag auch stimmen, dass es in vielen ‹Befreiungsbewegungen› nicht um Gerechtigkeit geht, sondern um Machtansprüche und materielle Interessen. Aber bei der Betrachtung des Auferstehungsweges erinnere ich mich, dass mit Abraham ein Lern- und Befreiungsprozess angefangen hat, der seine Wurzeln in der Geschichte Gottes mit den Menschen hat. […]

Josua Boeschs ‹Auferstehungsweg› steht klar und unmissverständlich in dieser Befreiungstradition, auch wenn seine Sprache leise und behutsam ist und ohne modisches Vokabular auskommt. Es ist in ihm von einer neuen Freiheit die Rede, die ich als Einzelne, als Einzelner – verstrickt in so manche Sachzwänge und Rollen – finde […] und die wir auch in der Gesellschaft entdecken, wenn wir uns von Gott führen lassen. Es geht nicht ohne Schmerz und Tränen, und unsere ganze Seelenkraft ist in Anspruch genommen. Es braucht einen langen Atem und Treue zum Weg. Es ist nötig, dass wir einander ermutigen, eben begonnene Schritte der Befreiung fortzusetzen. Wir müssen uns zusammenschliessen und als Weggefährten Aufbruch wagen, auch dann, wenn ringsherum Müdigkeit, Resignation und Gleichgültigkeit herrscht. Auch dann, wenn laut nach ‹sauberen Lösungen› und ‹geordneten Verhältnissen› gerufen wird. Ventura erinnert an seine Wurzeln im Mai 68 und dass sich in der Begegnung mit Josua auch zwei Generationen finden. Ich kann nachfühlen, wie tief ihm diese Begegnung ging.»

Diesen Worten von Josua Boeschs erstem Verleger lässt sich auch 2022 aus vollem Herzen zustimmen. Wo Resignation und Rückzug ins Private naheliegend erscheinen, ist Josua Boeschs Auferstehungsweg ein Weckruf: Er gibt uns Boden unter die Füsse, und öffnet den Himmel über uns. Er lädt still und zugleich kräftig ein, dem Weg durch Werden, Sterben und Auferstehen zu vertrauen – dem «Grossen Segen», der sich in den acht Stationen widerspiegelt, um den Titel des Buchs von Matthew Fox aufzuführen, das Josua Boesch damals regelrecht verschlang, als es erschien.

In diesem Zusammenhang ist der Hinweis überfällig, dass die Wurzeln von Josua Boeschs Auferstehungsweg – einmal mehr – im Meditationsrad von Niklaus von Flüe liegen, wie sich Reto Müller, der über ein Jahr mit Josua Boesch im Kloster Camaldoli lebte, erinnert. In dieser Neuauflage ist in der Übersicht «Im Heute Gottes leben» der ganze Auferstehungsweg in der originalen Reihenfolge der acht Stationen von rechts nach links abgebildet, der auch der erste Leporello von Bruno und Vreni Dörig 1989 folgte. Der leicht gekürzte Kommentar von Urs Bangerter (dem damaligen Direktor des Hotels Bethanien in Davos, für das Boesch die zweite Fassung schuf) stellt die Stationen kurz und fokussiert auf die Symbole und deren hauptsächliche Bedeutung vor.

Noch immer regt der Auferstehungsweg zu Neuem an. Die Neuausgabe zu Josua Boeschs 100. Geburtstag wird durch zwei Werke begleitet, die auf seinem Auferstehungsweg basieren (siehe www.josuaboesch.ch):

- Musikalische Komposition «Auferstehungsweg. Acht musikalische Stationen zu den Ikonen von Josua Boesch» für Sopran-Solo, Bariton-Solo, vierstimmigen gemischten Chor, Cello und Orgel. Text: Pia Maria Hirsiger, Musik: Christian Enzler.

- Meditationsvideo «Lass dein Herz stille sein …» mit Bildern der zweiten Fassung des Auferstehungswegs. Den Momenten der Stille folgen kurze Textlesungen zu den acht Stationen, dann Strophen des Lieds «Lass deinen Mund stille sein, dann spricht dein Herz, lass dein Herz stille sein, dann spricht Gott» (alter koptischer Text) des Komponisten Helge Burggrabe.

Ja, der Auferstehungsweg ist spirituelle Nahrung, Proviant für den langen Weg, wo immer wir in dieser Zeit und in dieser Welt stehen. Mögen viele in ihm Orientierung und Kraft finden für die Lernprozesse, zu denen uns unsere aktuelle Weltsituation herausfordert.

Samuel Jakob für den Förderverein Josua Boesch (zur Neuauflage 2022)

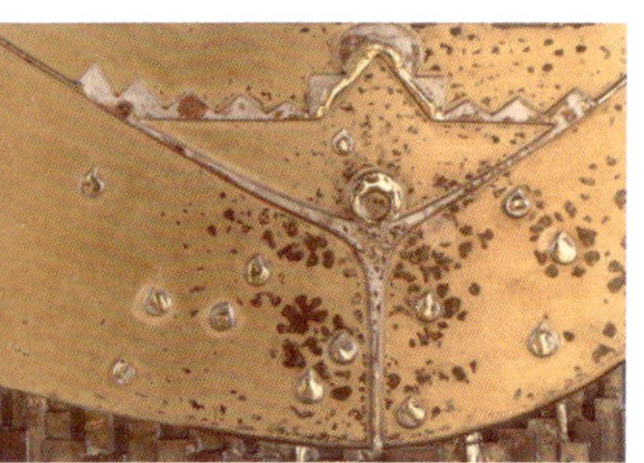   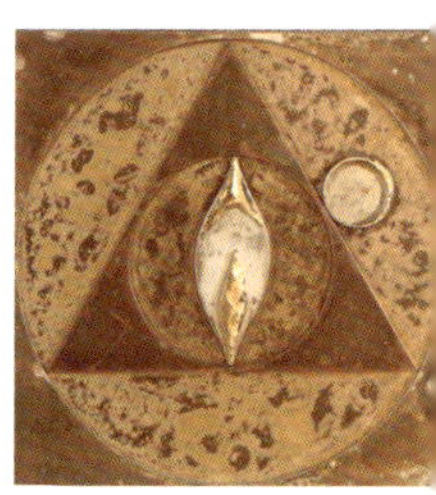

Im Heute Gottes leben – Der Stationenweg im Überblick

Tag 1 «Schöpfung»

Der grosse Kreis steht für das Weltall, der kleine Kreis für die Erde. Der Mensch, gebildet aus drei Linien (Dreieinigkeit Gottes) steht in zwei Dreiecken: Eines hat die Basis oben, im Himmel, und die Spitze unten, auf der Erde. Das andere hat die Basis auf der Erde und die Spitze oben. Metallikonen sind aus Gold und Silber, Messing und Kupfer. Zwei Edelmetalle, zwei sogenannt unedle Metalle. Ein Goldschmied dürfte sie nie mischen, aber wenn ein Josua Boesch Ikonen schaut, gehört das Reine und Unreine zusammen.

Tag 2 «Berufung»

Das zentrale Symbol dieser Station ist eine Taube. Sie lässt Gold (Symbol für Gott) auf den Menschen fliessen – so haben wir Anteil am Schöpfungsgeschehen Gottes. Das ist Berufung: Wir Menschen werden beim Namen gerufen. Gott ruft uns auf, aufzubrechen mit ihm, und gibt uns seinen Segen. Das Dreieck hat seine Basis im Himmel – und bei uns?

Tag 3 «Menschwerdung»

Gott wird Mensch – das ist Weihnachten. Das umfassende Dreieck hat seine Basis deshalb wieder auf der Erde. Ein Stern hat sich gebildet – zusammengesetzt aus den beiden Figuren von der ersten Station. Wieder steht Gold für Gott und Silber für uns Menschen. Gott wird Mensch: Wir werden daran erinnert, Ebenbild (Ikonen) Gottes auf dieser Erde zu sein.

   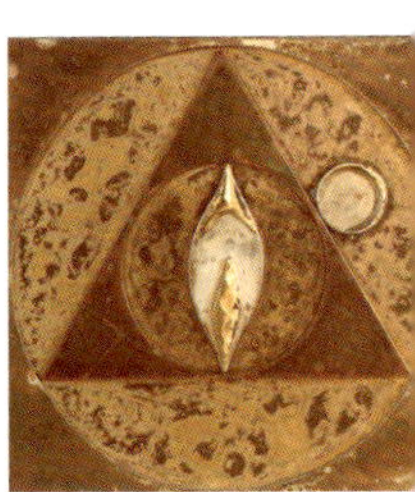

Tag 4 «Leiden»

Der Auferstehungsweg an seinem tiefsten Punkt. Wieder die gleiche Gestalt wie am Tag eins. Aber welcher Unterschied: Dort trug der Mensch den Kopf hoch, hier neigt sich der Kopf von Jesus, dem Christus zur Erde. Nur die Dornenkrone ist noch zu sehen. Aber die Dornenkrone ist aus Gold. Die Tränen sind aus Gold. Das Leiden wird zu Gold. Diese Verwandlung geschieht an Karfreitag. Deshalb ist die Basis des Dreiecks wieder oben. Und deshalb wird das Kreuz des Mitleidens schliesslich – am achten Tag – leicht, auferstehungsleicht.

Tag 5 «Auferstandene Freundschaft»

Die Mitte der Woche ist überschritten, das Dreieck kehrt sich wieder, hat seine Basis unten, wird zum schützenden Zelt, zur Wohnung, gibt Geborgenheit. Die Jünger flohen bei der Kreuzigung und schlossen sich ein (beziehungsweise: aus). Die Ikone zeigt uns, wie die Liebe Gottes (Gold)

alles durchdringt. Es gibt eine neue Gemeinschaft zwischen Gott und uns Menschen.

Tag 6 «Eucharistie werden»

Die silberne Fläche ist wie eine Hostie – wir kommen vom Karfreitag, von der Eucharistie, von der Abendmahlsfeier her. Hier ist die Hostie zerbrochen: Die Menschheit ist zerbrochen, zerrissen – auch die Christenheit in ihren Konfessionen und einander feindlichen Fraktionen. Die Ikone zeigt, wie dieser Riss geheilt wird: mit Gold, mit Gott: Gott stellt sich in den Riss hinein. Er gab Christus in unsere Welt hinein. Das Dreieck schwebt – das will heissen, dass wir die Heilung nicht in unserer Hand haben. Und es zeigt, dass wir Menschen Hostie werden sollen: Nahrung für die Welt. So können wir beitragen zur Verwandlung von uns, der Kirche und der Welt.

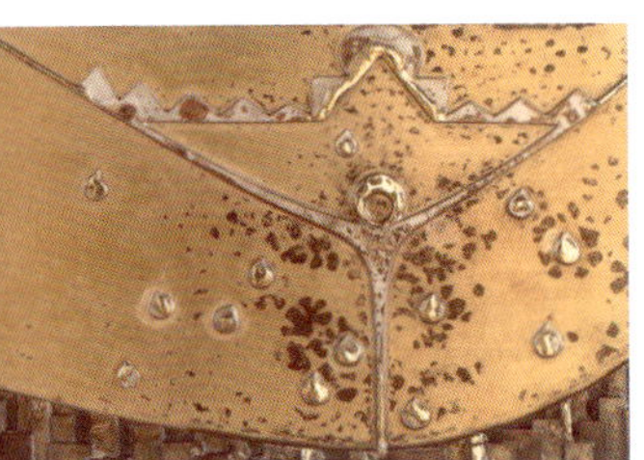

Tag 7 «Verwandlung»

Bei der siebten Station geschieht die Verwandlung: der innere Kreis bricht auf. Einmal geschieht das das in jedem Leben. Was sich im Innern von uns Menschen verwandelt, muss transparent, nach aussen sichtbar werden, das geht gar nicht anders. Die Ikonen aller Zeiten zeigen das Geheimnis der Verwandlung mit der *Mandorla*, einer Mandelform. Die Mandel ist das Symbol des Geheimnisses, sie schützt und behütet den Kern. Wenn er sich öffnet, spriesst neues Leben. An dieser Station zeigt sich, was echt ist und was nicht. Da bricht es von innen auf – das ganze Leben. Der Kreis öffnet sich schon, in die Mandelform – auch das Dreieck scheint nicht mehr lange zu bleiben. Wir erschrecken … aber der Auferstandene sagt: «Habt keine Angst, fürchtet euch nicht!»

Tag 8 «Aufbruch: Ikone werden»

Die Parabeln sind aufgelöst, es kommt zu einer umgreifenden Umarmung des Auferstandenen. Aus den Dreiecken wurden silberne Zelte im himm-

lischen Jerusalem. Tränen von Gott und von Menschen. Schaffen Tränen Einheit? Sehen wir nur durch Tränen gut? «Selig sind die Weinenden, denn sie sehen den achten Tag», schon jetzt mitten in aller Drangsal. – Die dunklen «Flecken» auf den Ikonen: Sie hat das Feuer geschaffen, durch das sie gingen, gehen mussten. Die Nacht gehört zum Licht – auch zum Auferstehungsweg. Wer durch Tod und Auferstehung hindurchgeführt wird, findet zu ganz neuem Leben. Das sprengt den Rahmen (vom Quadrat zum Rechteck). Und weist uns Menschen über die Vergangenheit hinaus, in eine neue Zukunft – schon hier, und schon jetzt! Der Sonntag, der achte Tag, ist der Tag des Aufbruchs, über alle Grenzen hinweg. Immer wieder wird aus dem Kreuzweg ein Auferstehungsweg. So werden wir jedes Mal ähnlicher der Ikone, die Gott in uns schaut, zusammen mit allen anderen auf diesem Weg. Worauf noch warten?

Für diese Übersicht: Urs Bangerter und Samuel Jakob

Josua Boesch (1922–2012) moderner Mystiker, Schöpfer von Metallikonen und Übersetzer biblischer Texte in die Zürcher Mundart. Kunstgewerbeschule in Zürich und Lehre als Gold- und Silberschmied. Theologiestudium. 28 Jahre Pfarrdienst in reformierten Gemeinden (Rothrist/AG, Mathon/GR, Stallikon/ZH, Schaffhausen-Buchthalen, Affoltern a./A.). Seit 1974 Metallikonen-Macher. Lebte 1979–1997 ein ökumenisches Zeichen in Verbindung mit einem kontemplativen benediktinischen Orden im toskanischen Apennin (Camaldoli). Aus dieser Zeit der Stille entstand sein Werk: «arte contemplativa», sein Auferstehungsweg «via resurrectionis», «D Psalme» und «S Johannes-Evangeelium», beide aus dem Urtext übertragen ins Zürichdeutsche, »Morgendämmerung», sein Tagebuch einer Wandlung sowie Sammlungen von Gedichten und Gebeten.

Anmerkungen

1 Gilt für das Original, in diesem Buch in der Übersicht ab S. 56 so wiedergegeben.

2 Carl Friedrich von Weizsäcker, Die Zeit drängt. Eine Weltversammlung der Christen für Gerechtigkeit, Frieden und die Bewahrung der Schöpfung (München 1986), S. 117. Von Weizsäcker hatte, inspiriert von der kirchlichen Friedensbewegung in der DDR, 1985 auf dem Deutschen Evangelischen Kirchentag in Düsseldorf – und anschliessend mit diesem Buch – angesichts der atomaren Aufrüstung die Kirchenleitungen zu einem gesamtchristlichen Friedenskonzil aufgerufen. Diese Initiativen mündeten in der Pfingstwoche vom 15.–21. Mai 1989 in die «Erste Europäische Ökumenische Versammlung ‹Frieden in Gerechtigkeit›» in Basel. Mit den daran teilnehmenden friedensbewegten Delegationen aus Kirchen des Ostblocks, offiziellen Vertretern der drei grossen christlichen Konfessionen aus ihren europäischen Kirchenverbänden (KEK und CCEE) wurde diese grosse Versammlung (im Vorfeld auch «Konvokation» genannt) zu einem wichtigen Ferment des friedlichen Mauerfalls in Berlin im November 1989.

3 Josua Boesch spielt hier auf das berühmte Buch des deutschen Psychoanalytikers Alexander Mitscherlich an, «Die Unfähigkeit zu trauern» (München 1971, in vielen Auflagen erschienen).

4 Das von Josua Boesch 1993 geschaffene zweite Exemplar des Auferstehungswegs für das Hotel Bethanien in Davos ist in der Übersicht am Schluss dieser Neuausgabe wiedergegeben. Zu dieser – helleren – Version ist zum Josua-Boesch-Jahr 2022 ein Meditationvideo in Planung.

5 1985 verliess Josua Boesch das Eremitenkloster in Camaldoli und zog ins benachbarte Farneta di Soci, wo er sich in einem ehemaligen Stall eine neue Cella mit Atelier einrichtete.